LES FAUX
DÉMOCRATES
MARSEILLAIS

PUBLICATION POPULAIRE

LES FAUX

DÉMOCRATES

MARSEILLAIS

Étude d'Actualité

PAR

Louis PILON

PRIX : 25 CENTIMES

MARSEILLE

EN VENTE CHEZ TOUS LES LIBRAIRES

—

1870

LES FAUX
DÉMOCRATES

MARSEILLAIS

————〰〰〰————

Le moment solennel approche où les circonscriptions de Marseille vont fournir leur contin-
gent de voix au Plébiscite.

Nous allons accepter l'Empire ou sa constitu-
tion, qui lui est synonyme... ou chasser un spo-
liateur qui a violé non seulement ses serments à
la République, mais qui encore a été assez sacri-
lége pour pulvériser ce qu'il avait hypocritement
adoré.

Le moment est solennel en effet, car la République, dans les fers, doit rugir en considérant
ce que son Judas prépare encore pour ses en-
fants...

Mais notre sujet n'est point là. Ce qui doit
nous occuper aujourd'hui est absolument local.

**
* *

Au premier coup d'œil, les circonscriptions
de Marseille offrent un tableau qui ne doit pas
donner aux officiels un grand désir de danser le
chahut impérial sur nos budgets.

Non ! car ils doivent s'apercevoir que l'horizon de notre belle Provence est tellement parsemé

de points noirs pour eux, qu'il est besoin de tout leur mécanisme *à poigne* pour dissiper ces points noirs et éclaircir le susdit horizon. C'est un travail gigantesque, ni plus ni moins.

Faire dire *oui* à 65,000 Marseillais entêtés à dire *non*, c'est presque l'impossible, s'il y avait quelque chose d'impossible pour les descendants du terrible rêve-creux de Sainte-Hélène.

*
* *

Donc, ces gens, pour qui rien n'est impossible — pas même l'acquittement du plus grand des criminels — tenteront de vous faire contredire, prenez-y bien garde, citoyens !

Au milieu d'une multitude de ruses plus ou moins criminelles, ils sauront choisir la meilleure...

... Et cette ruse, qui ne sera plus que du vent une fois démasquée, nous pouvons la prévoir et la déjouer par une simple tactique, visant à ne faire qu'un seul faisceau de la démocratie marseillaise; en faisant oublier, au moins pour le temps voulu, tous sujets de discorde entre groupes et particuliers.

Citoyens ! encore une fois, prenez-y bien garde !

C'est sous cette petite ruse que l'ennemi nous considère et nous compte.... grimaçant son sourire de hyène.

C'est toujours le flambeau de la discorde qui est l'arme la plus terrible du génie du mal.

*
* *

Beaucoup d'entre vous, citoyens, ont rencontré de ces loups déguisés en hommes, de ces reptiles visqueux qui glissent et se faufilent parmi nous pour injecter leur poison sans qu'on les entende ni qu'on les voit.

Eh bien ! disons le mot, ces mouchards que beaucoup d'entre nous ont reconnus souvent aux fausses allures qui les trahissent, ces mouchards qu'on paie de nos deniers pour nous espionner et nous empoisonner dans notre camp et dans nos maisons, ces mouchards, dis-je, ne sont pas encore les êtres les plus dangereux pour la cause de la liberté.

*
* *

Il faut enfin savoir où le bât nous blesse.

Il faut enfin comprendre, citoyens-démocrates, que c'est nous-mêmes qui forgeons l'arme dont les mouchards se servent pour allumer toutes sortes de guerres intestines dans nos rangs.

Il faut enfin toucher le mal pour trouver le remède.

*
* *

Parmi les membres de la démocratie se trouvent des gens non moins dangereux que les mouchards : ce sont les ambitieux, âmes vénales qui ne professent des principes que dans un but d'intérêt et de mercantilisme.

Ces ambitieux — la plupart hommes de talent, malheureusement — sont, dans notre armée, le point faible où l'ennemi, s'acharnant avec plus de rage, voit ses efforts bien souvent couronnés de succès.

C'est donc là que nous devons porter toute
notre attention et notre méfiance, car c'est là que
peut naître la confusion qui nous diviserait et
nous mettrait en déroute.

*
* *

A coup sûr, la démocratie est plus qu'en force
dans les circonscriptions de Marseille.

Mais tant fort soit le nombre d'une armée,
la ruse entre les mains de tant de tartuffes peut
s'en rendre maître à elle seule, surtout si cette
armée n'a pour chefs ceux qu'elle devrait avoir :
des citoyens agissant uniquement pour les principes et rien que pour les principes.

*
* *

Nos chefs supposés, et qui le sont en réalité,
sont les citoyens qui dirigent nos organes d'at-
taque et de défense, les journaux de la démocratie radicale.

A Marseille, un seul journal semble s'être
voué à notre cause, c'est le *Peuple*, dont le
citoyen Naquet est rédacteur en chef.

*
* *

Le rédacteur en chef de l'organe de nos principes serait tout naturellement appelé à présider
à nos décisions, si l'emploi qu'il occupe était une
mission confiée par nos suffrages.

Mais ce n'est point du tout le cas du citoyen
Naquet.

*
* *

Le citoyen Naquet nous a été emmené ou apporté de Paris par le sieur Chapuis, avocat sans causes.

Est-ce que, par hasard, le sieur Chapuis aurait prétendu représenter à lui seul les électeurs de la démocratie marseillaise ?

En ce cas, il se serait amèrement fourvoyé, car nous savons fort bien qu'il ne représente que sa caisse qu'il est prêt à sauver, semblablement au roi des pîtres forains.

Nous savons aussi que M. Naquet a été supprimé du *Reveil* uniquement pour venir grossir la caisse à Chapuis — caisse qui aujourd'hui est un peu-beaucoup celle à Naquet. —

*
* *

Serait-ce que M. Naquet aurait été assez rapace pour se croire digne de sceller une association avec le sieur Chapuis, ex-président du *Comité officiel* créé en 1863 par M. le sénateur de Maupas ancien préfet de police au Deux Décembre ?

On sait que ce *Comité officiel* présidé par le sieur Chapuis, était établi pour assurer l'élection de M. Lagarde *candidat du Gouvernement de l'Empereur*.

*
* *

Alors, pourquoi cet air et ce maintien autoritoire dela part de M. Gustave Naquet ex-directeur d'une troupe de cabotins en expédition pour l'Amérique ?

Pourquoi ces manières d'agir sans s'occuper

davantage des démocrates que s'ils n'en existait pas ?

Pourquoi ce mal qu'il se donne à vouloir présider à tout et partout !

Pourquoi tant d'arbitraire et tant d'aristocratie dans son journal qui prétend représenter la démocratie ?

Pourquoi et pouquoi tant d'autres choses !!!!

*
* *

Ah ! c'est que beaucoup d'entre-vous, citoyens, ne connaissant que très imparfaitement l'homme, vous l'avez accepté sans vous apercevoir qu'il vous était ni plus ni moins imposé.

Et cependant !... vous avez parmi vous tant de talents qui éclipseraient celui du rédacteur en chef du *Peuple* ! Tant de démocrates tout au moins aussi sincères que M. Naquet, et qui se feraient un scrupule d'accepter son emploi surpayé comme un mandat confié par le peuple !

*
* *

J'aurai peut-être mauvaise façon de m'occuper plus longtemps de M. Naquet.

Cependant, je crois de mon devoir de continuer, afin que les citoyens sachent à quoi s'entenir s'il arrivait qu'on parvint à établir un journal et sa rédaction par le vote.

*
* *

Le passé de M. Naquet est irréprochable ;
A part sa collaboration au *Pays*, journal des
Cassagnac et de l'Empire, et une brochure anti-
républicaine qu'il a commise.

*
* *

Pour nous le caractère aristocratique de M.
Naquet est tout à fait incompatible avec l'emploi
mandat qu'il occupe :

Un rédacteur en chef de la démocratie doit
être un homme de dévouement semblable à
Delescluze du *Reveil*, et non point un journaliste
installé dans un aristocratique bureau pour y
poser et faire *poser* des citoyens qui viennent
pour des renseignements ou des réclamations.

Pas mal de citoyens s'étant trouvés dans ce
dernier cas pourront affirmer ce que j'avance.

*
* *

Ceux qui ont connu de près *l'Empereur de la
rue Moustiers*, pourront vous dire aussi que
pendant les 2 ou 3 heures par jour où il est
visible en son *palais*, il n'a jamais eu un total de
5 minutes à accorder pour n'importe quelle
réclamation.

« Dépéchez vous, je suis pressé ! répond
invariablement et toujours le Jupiter des bureaux
du *Peuple*, » avec une voix qui sent son gendar-
me d'une lieue,

S'il l'osait même, il dirait volontiers : Laquais !
f..... moi ce malotru par les escaliers.

*
* *

Pour quant aux colonnes de son journal, elles
ne sont à la disposition que des amis du « Jupiter
du journal de la démocratie »...

(Ici, j'ouvre des parenthèses, car je pressens
déjà quelques contradicteurs qui vont me croire
tout dépité par le mot que je viens d'avancer :

Comment ! *les amis* de M. Naquet, ne sont-ce
pas tous les démocrates de Marseille et des
environs ?)

Erreur, citoyens lecteurs, vous vous fourvoyez
complètement.

*
* *

Les amis de M. Naquet ne sont, pour la plupart, que des êtres qui ont su ramper auprès de
lui, qui l'ont flatté et qui ont porté son talent
imaginaire « jusques aux nues ». Il est vrai qu'il
s'en trouve aussi quelques autres qui, ne l'ayant
fréquenté que fort rarement, se sont laissés
prendre à la glue de ses articles, élaborés par de
gigantesques efforts d'imagination.

Le nombre de ces derniers fort restreint, doit
selon nous, s'élever tout au plus à vingt.

*
* *

Maintenant, voulez-vous connaître M. Naquet
s'établissant le haut protecteur des jeunes écri-
vains.

Prenons, au hasard, un dialogue entendu par
votre serviteur.

*
* *

Un jeune homme, auteur de deux ou trois
brochures, se présente à lui chapeau bas et
tenant à la main un article dont l'auteur est ce
jeune *brochurier*.

L'empereur Naquet, sur son trône… pardon !
devant son bureau, cherche un travail supposé
pour singer l'écrivain sérieusement affairé qui n'a
pas le temps de lever la tête pour étudier le phy-
sique du visiteur. — Toutefois, on pourrait
remarquer son regard qui se fixe curieux sur la
porte, dès qu'elle s'ouvre.

Le jeune écrivain, s'avançant joyeux. — Bon-
jour, citoyen Naquet ; je venais vous soumettre
un petit travail que…

L'empereur Naquet, interrompant. — *Mon
petit* (1), dépêchez-vous, je suis pressé !

Le jeune homme, tremblant comme devant un
Jupiter tonnant. — J'ai… fait… un petit… article… sur…..

L'empereur Naquet, saisissant un peu brutale-
ment la copie. — Voyons !

Il jette un coup d'œil sur la copie, à peine le
temps de distinguer la couleur du papier.

L'empereur Naquet, après son coup d'œil…
d'aigle. — Mon cher enfant, vous n'êtes pas journaliste ?

---

(1) Mot consacré dans la bouche de M. Naquet. J'ai entendu
cette épithète adressée à un vieillard de soixante ans par le
rédacteur du *Peuple*.

Le jeune homme, à demi-rassuré. — Non, citoyen ; je suis étudiant en droit.

Le susdit empereur, rendant la copie, et d'un ton comiquement protecteur. — Eh bien, continuez à étudier, jeune homme ! vous ne pourrez jamais être journaliste, c'est moi qui vous le dis !....

L'argument est... tranchant, et le jeune homme, ahuri, s'en va rêvant aux rédacteurs en chef des journaux de la démocratie.

*
* *

Pour conclure :

Le citoyen Naquet peut fort bien être un démocrate sincère ; mais à coup sûr il ne pourra jamais être un chef de la démocratie :
Car un chef de la démocratie doit prêcher d'exemple et être démocrate non seulement en public, mais surtout dans ses rapports intimes.

*
* *

Laissant aux démocrates marseillais le soin de trancher la question, et de se choisir un organe qui les représente plus dignement que le *Peuple*, nous prions tous nos concitoyens de veiller plus que jamais à notre union, sans se préoccuper de ces personnalités ambitieuses qui sont les plus redoutables ennemies pour la cause de la liberté.

*
* *

— Par les lignes qui précédent, nous avons voulu dans la mesure de nos forces mettre les citoyens en garde contre tous sujets de division qui pourraient surgir.

Un devoir accompli.

Allons en ordre au scrutin du 8 Mai déposer tant de votes négatifs, que l'Empire épouvanté soit ébranlé de son trône despotique et... qu'il soit enseveli pour jamais sous une montagne de bulletins : NON !

Léon PILON.

Marseille. — Imprimerie de T. SAMAT, quai du Canal, 15.

www.ingramcontent.com/pod-product-compliance
Lightning Source LLC
Chambersburg PA
CBHW060735280326
41933CB00013B/2652